La salud
y el estado físico

Mantenerse sano

A. R. Schaefer

Heinemann Library,
Chicago, IL

www.heinemannraintree.com
Visit our website to find out
more information about
Heinemann-Raintree books.

To order:

☎ Phone 888-454-2279

💻 Visit www.heinemannraintree.com
to browse our catalog and order online.

Edited by Rebecca Rissman and Catherine Veitch
Designed by Kimberly R. Miracle and Betsy Wernert
Picture research by Elizabeth Alexander
Originated by Dot Gradations Ltd.
Printed in China by South China Printing Company Ltd.
Translation into Spanish by DoubleOPublishing Services

14 13 12 11 10
10 9 8 7 6 5 4 3 2 1

Library of Congress Cataloging-in-Publication Data

Schaefer, A. R. (Adam Richard), 1976-
  [Staying healthy. Spanish]
  Mantenerse sano / A. R. Schaefer.
    p. cm. -- (La salud y el estado físico)
  Includes index.
  ISBN 978-1-4329-4445-2 (hard back) -- ISBN 978-1-4329-
4450-6 (pbk.)
  1. Children--Health and hygiene--Juvenile literature.
  2. Physical fitness--Juvenile literature. I. Title.
  RA777.S3418 2010
  613.7--dc22
                        2010003152

Acknowledgments

We would like to thank the following for permission to
reproduce photographs: Alamy pp. **4** (© Jupiter Images/Polka
Dot), **5** (© Image Source Black), **7** (© Dennis MacDonald),
8 (© CW Images), **16** (© Picture Partners), **22** (© Interfoto
Pressebildagentur); Corbis pp. **17** (© Fancy/Veer), **27** (© Randy
Faris); Getty Images p. **25** (Charlie Schuck/UpperCut Images);
Photolibrary pp. **6** (Inti St. Clair/Blend Images), **10** (Stockbyte),
11 (Creatas/Comstock), **12** (Liane Cary/Age Fotostock), **13**
(Banana Stock), **14** (ER Productions Ltd./Blend Images), **15**
(Uwe Umstätter/Mauritius), **18** (Tomas Rodriguez/Fancy), **19**
(Corbis), **23**, **24** (Asia Images Group), **26** (Banana Stock), **28**
(Blend Images), **29** (Andreas Schlegel/fStop); Shutterstock pp.
9 (© Zeljko Santrac), **20** (© MaszaS), **21** (© Estelle).

Cover photograph of a boy brushing his teeth reproduced
with permission of Photolibrary (ER Productions Ltd./
Blend Images).

The publishers would like to thank Yael Biederman for her
assistance in the preparation of this book.

Every effort has been made to contact copyright holders
of any material reproduced in this book. Any omissions
will be rectified in subsequent printings if notice is given to
the publisher.

All the Internet addresses (URLs) given in this book were valid
at the time of going to press. However, due to the dynamic
nature of the Internet, some addresses may have changed, or
sites may have changed or ceased to exist since publication.
While the author and Publishers regret any inconvenience this
may cause readers, no responsibility for any such changes can
be accepted by either the author or the Publishers.

Contenido

Algunas palabras aparecen en negrita, **como éstas**. Puedes averiguar sus significados en el glosario.

Mantenerse sano

Las personas sanas se sienten bien. Tienen mucha **energía** para trabajar y jugar. Puedes mantenerte sano si te cuidas bien.

Las personas sanas pueden disfrutar con sus amigos.

Es una buena idea desarrollar **hábitos** saludables ahora. Te será fácil acostumbrarte ahora a los hábitos saludables y luego los tendrás para toda la vida.

Ve al doctor y al dentista regularmente para hacerte chequeos.

Ejercicio y buena alimentación

Comer bien es una parte importante de una vida sana. Intenta comer muchos alimentos que sean buenos para tu cuerpo, como frutas y verduras **frescas**. Trata de comer pocos dulces y pocas **grasas**.

Las frutas frescas contienen muchas **vitaminas** que te ayudan a mantenerte sano.

Nadar es un buen ejercicio.

El ejercicio es una parte importante de una vida sana y **equilibrada**. Estar activo te mantendrá en buena forma.

Higiene personal

Al lavar tu cuerpo eliminas los gérmenes y la suciedad.

La buena **higiene** es una parte importante de una vida sana. Es importante que mantengas la limpieza de tu cuerpo, de tus juguetes y de tu ropa. Puedes mantener limpio tu cuerpo bañándote o duchándote todos los días.

Es importante que mantengas limpio tu cabello. Debes lavarlo con frecuencia y cortarlo regularmente. También puedes pedirle a un adulto que revise tu cabello con regularidad para ver si tienes piojos.

Peinarse el cabello largo y llevarlo recogido ayuda a mantenerlo limpio.

Lavarse las manos

Tu decisión:

Has estado jugando al aire libre toda la mañana. Tienes hambre y es la hora del almuerzo. ¿Debes lavarte las manos o sólo limpiártelas con un trapo?

Nuestras manos transportan gérmenes, aunque no los veamos.

Siempre debes lavarte las manos antes de comer. Es importante lavarlas con agua y jabón para eliminar todos los **gérmenes** que podrían enfermarte. También debes mantener tus uñas cortas y limpias.

Lávate las uñas para quitarles toda la suciedad.

Mantenerse limpio

Mantén limpias tus sábanas y mantas.

Es saludable dormir en una cama limpia. Comer en la cama no es buena idea porque podrían caer migas en las sábanas.

Pide a un adulto que te ayude a mantener limpias tu ropa y tu cama.

También es importante tener la ropa limpia. La ropa limpia ayuda a alejar los **gérmenes** y los insectos. Usar ropa limpia ayuda a tu piel a mantenerse sana.

El cuidado de los dientes

Tu decisión:

Sabes cómo lavarte los dientes dos veces al día. Una mañana, te duele un diente cuando te cepillas. ¿Debes decírselo a un adulto o sólo esperar que se te pase?

Cepíllate los dientes al menos dos veces al día.

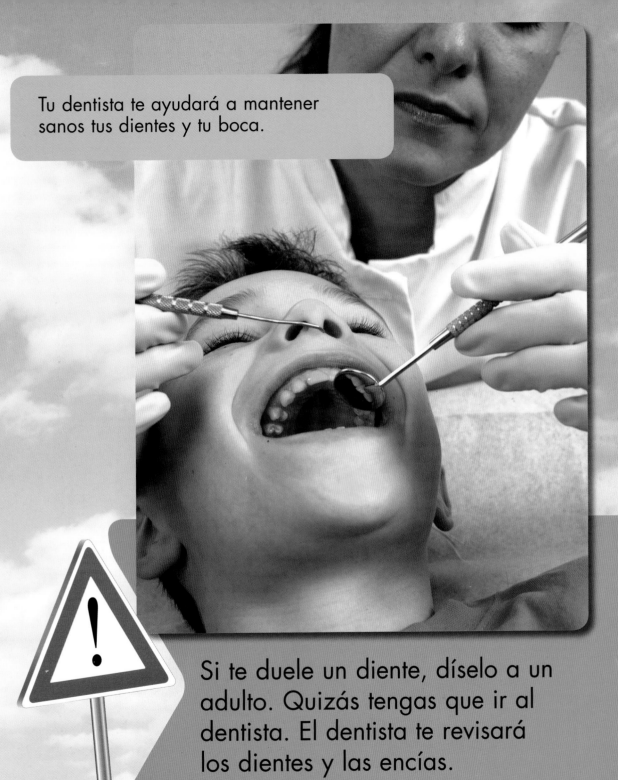

Tu dentista te ayudará a mantener sanos tus dientes y tu boca.

Si te duele un diente, díselo a un adulto. Quizás tengas que ir al dentista. El dentista te revisará los dientes y las encías.

¡Cuidado con los gérmenes!

Los **gérmenes** no se pueden ver, pero pueden enfermarte. Los gérmenes son **bacterias** y **virus** que pueden entrar a nuestros cuerpos. Podrías enfermarte si hay demasiados gérmenes en tu cuerpo.

Cúbrete la nariz y la boca siempre que tosas o estornudes, así no se enferman los demás.

Las personas agarran gérmenes cuando tosemos o estornudamos. A veces, los animales transportan gérmenes. Puedes lavarte las manos con jabón para matar la mayoría de los gérmenes.

Lávate siempre las manos después de jugar con una mascota.

Lastimarse

Tu decisión:

Un día te cortas en el patio de recreo. Es una herida pequeña, pero sangra. ¿Debes lavarte la herida y olvidarla o debes decírselo a alguien?

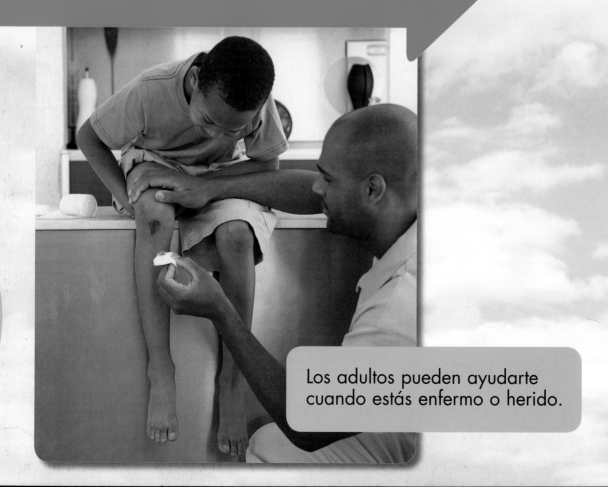

Los adultos pueden ayudarte cuando estás enfermo o herido.

18

Si te **lastimas**, es importante que se lo digas a un adulto. También es importante que le cuentes a un adulto si no te sientes bien. A veces, todos tenemos que ir al doctor.

Las enfermeras y los doctores nos pueden ayudar a sentirnos mejor.

Ponerse ropa apropiada

El tiempo cambia en diferentes momentos del año. Puede hacer mucho calor, mucho frío o puede llover. Es importante que uses ropa que **proteja** tu piel y tu cuerpo.

La ropa abrigada protege el cuerpo del frío.

Usa un sombrero si hace calor para proteger tu cabeza y mantenerte fresco.

Cuando hace mucho calor, usa ropa ligera y un sombrero. Cuando llueve, ponte un impermeable o lleva un paraguas. Cuando hace frío afuera, asegúrate de usar suficiente ropa abrigada para mantenerte caliente, especialmente guantes y un gorro.

Cuidados al aire libre

Tu decisión:

Vas caminando por el parque y pasas cerca de un árbol. Ves un nido con muchos insectos volando a su alrededor. ¿Debes acercarte a mirar o mantenerte lejos?

Algunos insectos hacen grandes nidos o colmenas.

Quizás sea interesante observarlas de cerca, pero las abejas y las avispas pueden lastimarte. Es importante que le expliques inmediatamente a un adulto dónde está la colmena. Siempre debes observar el lugar donde juegas y asegurarte de que el área que te rodea sea segura.

Nunca recojas vidrios rotos ni basura.

Mantener la mente sana

Leer un libro es una buena manera de tomarse un descanso.

Tener una buena **salud mental** es tan importante como mantener el cuerpo físicamente sano. La salud mental es la salud de la mente; es decir, cómo piensas y cómo te sientes.

Una manera de tener una buena salud mental es descansando mucho y divirtiéndote. Debes hacer muchas actividades diferentes y pasar tiempo con tus amigos y tu familia.

La jardinería es una manera de relajarse.

Dormir suficiente

Tu decisión:

Es hora de ir a la cama, pero no tienes sueño. ¿Puedes quedarte despierto hasta muy tarde si no estás cansado?

A veces quisieras quedarte despierto hasta tarde viendo televisión.

Dormir suficiente es importante para todos. Debes tratar de dormir al menos diez horas diarias todas las noches.

Dormir hace que tu cuerpo descanse y te da energía.

Comenzar una vida sana

Comienza a tener **hábitos** saludables hoy mismo. Cuanto antes comiences, mejor te sentirás. Los buenos hábitos pueden durar toda la vida.

Cuando estás sano, es más fácil ser feliz.

Los adultos hacen las mismas cosas que tú para mantenerse sanos. Los hábitos saludables son importantes para tener una vida larga y feliz.

Los adultos también deben tratar de mantenerse sanos.

Glosario

bacterias criaturas diminutas que viven en el aire, en el agua, en los animales y en las plantas. Algunas bacterias pueden enfermar a las personas y a los animales.

energía fuerza que necesita el cuerpo para funcionar y mantenerse con vida

equilibrada vida que incluye diferentes tipos de ejercicio y una alimentación saludable

frescas frutas y vegetales que acaban de cosecharse. No están cocidas.

germen criatura diminuta que puede causar enfermedades

grasa aceite que se halla en algunos alimentos

hábito algo que haces frecuentemente

herida cuando alguien se lastima

higiene mantener limpio tu cuerpo y tus cosas

proteger cuando algo te protege, evita que te lastimes

salud mental salud de la mente. Cómo piensas y cómo te sientes.

virus organismo diminuto o ser vivo que enferma a las personas

vitamina cosa que se halla en algunos alimentos que ayuda al cuerpo a crecer y a mantenerse sano